»Ich habe das Paradies gesehen.«

Jessica Keitel, *Work & Travel 2011/2012*

Deutsche in Australien.

1788 – heute

Herausgegeben von
Simone Blaschka-Eick
in der edition DAH

Mit Beiträgen von
Christoph Bongert, Tanja Fittkau
und Lena Jung

edition
DAH

Impressum Buch
»Deutsche in Australien. 1788 – heute«

Herausgeber: Simone Blaschka-Eick, *Deutsches Auswandererhaus Bremerhaven*
erschienen in der **edition DAH**
Redaktion: Tanja Fittkau, *Deutsches Auswandererhaus Bremerhaven*
Gestaltung: Alexandra Schäfer, *Andreas Heller Architects & Designers, Hamburg*
Schrift: Absara-light, 9 pt
Druck: Müller Ditzen AG, *Bremerhaven*
Verlag: edition DAH
Auflage: 1.000

Impressum Sonderausstellung
»Deutsche in Australien. 1788 – heute«

Konzept: Simone Blaschka-Eick, *Deutsches Auswandererhaus Bremerhaven*
Kuratoren: Tanja Fittkau, Lena Jung, *Deutsches Auswandererhaus Bremerhaven*
Gestaltung: Alexander Kruse (Leitung), Katharina Schätzle, Jutta Strauß, Alexandra Schäfer, Rebecca Kunz, Markus Sommer, Chad Danford, *Andreas Heller Architects & Designers, Hamburg*
Dokumentarfilm »Down Under. Eine Reise zu Deutsch-Australiern«:
Andreas Heller, Martin Granata (Konzept/Regie), Martin Granata (Kamera),
Karin Hess (Recherche/Interviews), Constantin Heller (Ton/Kamera-Assistenz),
Jan-Peter Klöpfel (Musik)

Columbusstraße 65, 27568 Bremerhaven, www.dah-bremerhaven.de, info@dah-bremerhaven.de

Printed in Germany, ISBN 978-3-00-044574-3

Inhalt

Deutsche in Australien von 1788 bis heute: Eine nahezu unbekannte Geschichte

Simone Blaschka-Eick

Diese Rebstöcke pflanzte der Deutsche Christian Auricht 1843 im Barossa Valley an. Sie stehen heute auf dem Land des Weingutes »Langmeil-Winery«. Es sollen die ältesten Shiraz-Reben weltweit sein.

Die Europäer entdecken den Erdteil, den wir heute Australien nennen, spät: Erst 1606 landen sie dort. Die Überraschung ist allerdings bei weitem nicht so groß, wie bei der Entdeckung Amerikas, denn man besitzt von dem Land im Süden schon eine Ahnung. Durch rein logische Überlegungen befindet bereits der griechische Gelehrte Klaudios Ptolemaios (100 –160 n. u. Z.), dass es eine »terra australis«, einen Südkontinent, geben muss. Weil die Erde eine Kugel ist – wie er ganz richtig annimmt –, braucht sie, um nicht zu kippen, zu den bekannten Landmassen im Norden ein Gegengewicht im Süden: die »terra australis incognita«, den unbekannten Südkontinent. Auch wenn diese Überlegungen physikalisch nicht richtig sein mögen, halten sie sich doch bis weit ins ausgehende Mittelalter, als man schließlich Australien entdeckt. Erst 1803 liegt dann eine exakte Karte mit den Küstenlinien des Fünften Kontinentes vor. Seine Besiedlung begann allerdings schon einige Jahre zuvor: 1788. Gleich unter den ersten europäischen Siedlern befinden sich Deutsche.

Arthur Phillip, der spätere Gouverneur der nahe dem heutigen Hafen von Sydney gegründeten Sträflings- und Soldatenkolonie, ist Deutsch-Brite. Sein Vater stammt aus Frankfurt am Main, seine Mutter ist Britin. Auch ein deutscher Landvermesser und ein deutscher Weinbauer sind mit dabei. Weder als Cortez 1519 Mexico für Spanien beansprucht noch als die Passagiere der »Mayflower« 1620 Plymouth gründen, finden sich deutschstämmige Siedler in solch führenden Positionen. Nicht, dass es eine Rolle spielt, welcher Nationalität die ersten europäischen Siedler angehörten. Aber für Australien gilt eben nicht das, was im Geschichtsbewusstsein vieler Deutscher verankert ist: Mit der Eroberung der »Neuen Welt« haben wir nichts zu tun.

In Australien gibt es keine symbolträchtige Geschichte über das Aufeinandertreffen von Kolonisten und Ureinwohnern. Es gibt kein »Thanksgiving« wie in den USA, kein Dankesfest, in dem auch daran erinnert wird, dass es die Ureinwohner sind, die helfen, den ersten Winter zu überstehen. Es beginnt mit vorsichtigen Begegnungen, aus denen aber sehr schnell gewalttätige Auseinandersetzungen werden. Gerade auch deutsche Missionare, Akademiker und Naturforscher sind im 19. Jahrhundert verantwortlich für die unwürdige Behandlung der ersten Siedler Australiens, die bereits ca. 40.000 Jahre vor den Europäern dort eintreffen.

Ab den 1830er Jahren lassen sich altlutherische Glaubensflüchtlinge im Barossa-Valley nieder und beginnen mit dem Weinanbau. Bis heute tragen viele der dortigen Weingüter deutsche Namen. Unglücklicherweise suchen die Glaubensflüchtlinge nicht nur ihr eigenes Heil. Vielmehr gehen sie davon aus, auch für andere entscheiden zu dürfen, wo deren Heil liegt. So gründen einige von ihnen Missionsstationen, um die Aborigines zum Christentum zu bekehren. Es bedarf schon einiger Ignoranz, um als Glaubensflüchtling Andersgläubige zu einem bestimmten Glauben zwingen zu wollen.

Dieser Chauvinismus wird noch übertroffen vom Rassismus deutscher Naturforscher und Akademiker. Das schlimmste Beispiel stellt die Biologin und Anthropologin Amalie Dietrich (1821–1891) dar: Sie wird von dem Hamburger Reeder Godeffroy für zehn Jahre nach Australien geschickt, um dort Pflanzen- und Tierpräparate sowie Artefakte der Aborigines für das Museum des Reeders zu sammeln. Sie sammelt auch menschliche Skelette. Bis heute wird in Australien gegen sie der Vorwurf erhoben, sie habe dafür Aborigines ermordet. Beweisen lässt sich das nicht mehr. Der Frankfurter Arzt Robert Koch – nicht verwandt mit dem Nobelpreisträger – mag für viele europäische Siedler im australischen Outback der 1860er Jahre eine große Hilfe sein. Für die Aborigines ist er es nicht, da er sie eher als Tiere denn als Menschen betrachtet. In einem langen Brief in die alte Heimat skizziert er die Lebensweise der Aborigines als sei er ein Forscher, der Versuchsobjekte studiert, und nicht jemand, der eigentlich von seinen Nachbarn erzählt. Zwei Beispiele dafür, wie sich auch Deutsche durch ihre geistige Haltung und ihre Taten beteiligen an der im 19. Jahrhundert zunehmenden Vernichtung der Aborigines und ihrer Kultur.

Neben der eher kleinen Zahl von Glaubensflüchtlingen und Naturforschern stellen die Goldsucher, Bauern, Landarbeiter und Handwerker die eigentliche große Gruppe der deutschen Einwanderer in Australien im 19. Jahrhundert. In den 1850er Jahren zieht es viele junge Männer nach Australien, die als Goldsucher vom plötzlichen Reichtum träumen. Die meisten gehen dann nach einigen Jahren mit leeren Taschen, weg von den Goldfeldern hinein in die Städte wie Sydney und Melbourne. Oder sie kehren sogar in die alte Heimat zurück.

In der zweiten Hälfte des 19. Jahrhunderts kommen die Bauern, Landarbeiter und Handwerker, die klassischen Auswanderer. Wie auch die südamerikanischen Länder profitiert Australien als Einwanderungsland davon, dass für Bauern und Landarbeiter vor allem ab den 1870er Jahren das freie Land in den USA sehr knapp wird. Wer sich für Australien entscheidet, wählt das am weitesten entfernte Land aus, über das sehr wenig bekannt ist. Populäre deutsche Auswandererführer helfen jedenfalls kaum bei einer Entscheidungsfindung. Denn die, die damals auf dem Buchmarkt erhältlich sind, schwärmen nicht gerade von Australien, ganz anders als die heutigen Auswanderer- und Reiseführer. Am schlechtesten kommt Australien in dem Auswandererführer von

Traugott Bromme aus dem Jahr 1846 weg – wobei man sich fragt, woher er sein Wissen hat, denn er ist nie dort gewesen. Den Karl-May-Effekt gibt es also auch für Australien. Nichts desto weniger ziehen in den 1860er und 1870er Jahren in einem kurzen Zeitraum relativ viele Deutsche nach Australien: ca. 70.000. Sie gründen Ortschaften mit deutschen Namen, deutsche Zeitungen und Vereine. Allerdings wollen ihre Kinder und Enkel davon wenig wissen, fühlen sich mehr und mehr als Australier.

Der Erste Weltkrieg ändert vieles: Plötzlich werden die deutschstämmigen Australier zu »enemy aliens«, zu feindlichen Ausländern, egal ob kaisertreu oder nicht. Die deutschen Ortsnamen werden in englische Namen geändert oder tragen fortan Namen der Aborigines. Viele landen in Internierungslagern oder werden sogar nach Ende des Krieges nach Deutschland ausgewiesen. Naturgemäß fühlen sich nun viele Deutsch-Australier ausgegrenzt. Eine Folge dieser »Feindliche Ausländer«-Politik ist sicherlich, dass zwischen 1925 und 1930 noch nicht einmal tausend Deutsche nach Australien auswandern.

Aber die, die da sind, bleiben. Es kommt nicht zu größeren Rückwanderungswellen in die Weimarer Republik. Man will jedoch auch seine deutsche Identität nicht gänzlich aufgeben, wie zahlreiche Versuche von Gemeinden zeigen, ihre alten deutschen Ortsnamen wiederzuerhalten. Tatsächlich werden ausgerechnet in den 1930er Jahren, nachdem in Deutschland die Nationalsozialisten an die Macht gewählt worden sind und alsbald mit ihrem Terrorregime beginnen, viele der während des Ersten Weltkrieges umbenannten Orte wieder mit deutschen Namen belegt.

Zwischen 1938 und 1940 nimmt Australien 9.000 jüdische Flüchtlinge auf. Nach dem Zweiten Weltkrieg können 200.000 Displaced Persons in Australien ein neues Leben beginnen: Neben ehemaligen KZ-Insassen und Zwangsarbeitern auch viele Zwangsumgesiedelte aus ganz Europa. Allerdings mischen sich unter diese auch 800 Nazi-Kollaborateure, von denen nur dreien der Prozess gemacht wird.

Die Ankunft der jüdischen Flüchtlinge und Holocaustüberlebenden stößt nicht überall auf Verständnis: So kommt es zu antisemitischen Ausschreitungen in den 1930er Jahren und es erscheinen noch 1945 antisemitische Karikaturen in Zeitungen. Viele deutsche jüdische Familien betrachten diese Feindlichkeit eher als allgemeine Ausländerfeindlichkeit und empfinden sich nicht als Juden diskriminiert. Dafür spricht, dass man sie als »bloody reffos«, also verfluchte Flüchtlinge, bezeichnet und nicht mit speziellen, das Jüdische ansprechenden Schimpfnamen belegt. Hinzu kommt, dass in Australien zur gleichen Zeit Chinesen als »chinks« (Schlitzaugen) und Italiener mit dem unübersetzbaren Namen »dago« beschimpft werden. Die offizielle

Einwanderungspolitik Australiens allerdings ist bis zum Ende des Zweiten Weltkrieges rassistisch selektiv. Es herrscht die »white policy«: Man will außer Briten nur noch Westeuropäer im Land haben. Während Deutsche unter dieser Einwanderungspolitik nicht zu leiden haben, betrifft sie viele Süd- und Osteuropäer sowie Asiaten. Nach dem Zweiten Weltkrieg öffnet sich Australien für alle Einwanderernationen.

1952 schließen Australien und die Bundesrepublik Deutschland ein Anwerbeabkommen: Deutsche Arbeitskräfte können zukünftig von Australien angeworben werden. Australien ist das einzige Land, mit dem die Bundesrepublik einen Vertrag eingeht, durch den Arbeitskräfte ab- und nicht angeworben werden wie bei den Abkommen mit Italien, Spanien, Griechenland, der Türkei, Marokko, Tunesien und Jugoslawien.

Vor allem junge Männer verpflichten sich im Rahmen dieses Abkommens, ihre Arbeitskraft für ein Überfahrtsticket zwei Jahre lang zur Verfügung zu stellen. Über 80.000 junge Deutsche nutzen diese Chance, aus dem von Wohnungsnot und Arbeits-

Queen Elizabeth II bei ihrem Australienbesuch 1963. Eine Treppe ermöglicht ihr das problemlose Ein- und Aussteigen aus ihrem Jeep. Gebaut wird sie von »Fred the German Carpenter«, wie Manfred Neumann von seinen australischen Kollegen genannt wird. Einige Australier sind schockiert, dass ausgerechnet ein Deutscher damit beauftragt wird, und unterstellen ihm Sabotageabsichten. Aber die Treppe hält.

losigkeit geprägten Nachkriegsdeutschland wegzuziehen. Aber auch als in Deutschland das Wirtschaftswunder beginnt, ziehen immer noch viele auf den Fünften Kontinent. Nicht wenige geben dafür ihren Arbeitsplatz auf, weil sie sich in Australien mehr Möglichkeiten versprechen. Hinzu kommen die Abenteuerlustigen, die hoffen, am anderen Ende der Welt viel mehr erleben zu können.

Eine enorme Logistik ist von Seiten der australischen Behörden notwendig, um diese zehntausenden von Arbeitssuchenden unterzubringen und zu vermitteln. Vom Ankunftshafen bringt man sie in Durchgangslagern unter. Das größte ist Bonegilla, heute ein Museum. Von Bonegilla reist man dann dorthin, wo einem ein Arbeitsplatz zugewiesen worden ist.

Nicht alle bleiben. 30 Prozent der Deutschen, die in der Nachkriegszeit nach Australien gehen, kehren nach Deutschland zurück. Im Vergleich: Von den 14 Millionen Arbeitsmigranten, die über Anwerbeabkommen nach Deutschland gekommen sind, kehren ca. 11,5 Millionen zurück in ihre Heimat. Das sind knapp 80 Prozent. Den meisten Deutschen bietet Australien also eine neue Heimat. Auch wenn der Anfang schwer ist: Viele Australier halten die Deutschen für Nazis, die sie nicht in ihrem Land haben wollen. Zahlreiche Zeitungsartikel der 1950er und frühen 1960er Jahre sprechen sich gegen die deutschen Einwanderer aus.

Diese neue Gruppe deutscher Einwanderer verhält sich ähnlich wie diejenigen des 19. Jahrhunderts: Wieder werden Zeitungen und Vereine oder auch Wohlfahrtsverbände gegründet. Und wieder zeigt dann die Kinder- und Enkelgeneration ausgesprochen wenig Interesse an diesen deutschen Traditionen. In den 1980er und 1990er Jahren sinkt die Zahl deutscher Einwanderer.

In jüngster Zeit ist das Interesse deutscher Auswanderer an Australien wieder gestiegen: Etwa 19.000 Deutsche sind seit dem Jahr 2000 eingewandert. Im gleichen Zeitraum haben über 150.000 junge Deutsche dort bis zu einem Jahr mit »Work & Travel« verbracht – begeistert von der einmaligen Natur und der australischen »Easy-Going«-Lebensweise.

Schätzungsweise sind rund 250.000 Deutsche von 1788 bis heute nach Australien ausgewandert. Insgesamt 4,2 Prozent der Bevölkerung geben an, deutsche Wurzeln zu besitzen. Ihre Geschichte ist teilweise überraschend, teilweise stimmt sie nachdenklich – auf jeden Fall macht sie Lust, den Fünften Kontinent neu zu entdecken.

THE FIRST MAP OF AUSTRALIA
from NICHOLAS VALLARD'S ATLAS, 1547, *in the Library of Sir Thomas Phillipp*

Die späte Entdeckung Australiens durch die Europäer

Australien ist noch nicht entdeckt, aber Nicholas Vallard's Atlas aus dem Jahr 1547 zeigt einen Ausschnitt aus den Dieppe Karten, einer Serie von Weltkarten, die zwischen 1540 und 1560 in Frankreich hergestellt werden. Hier ist die Küste der geheimnisvollen Terra Australis Incognita dargestellt. Im 16. Jahrhundert fügen Kartographen das unentdeckte Land fiktiv in ihre Zeichnungen ein. Reichliche Illustrationen verzieren diesen Ausschnitt: Menschen bewohnen das Land, unbekannte Tiere (1) und sagenhafte Seeungeheuer (2) bevölkern das Meer und mittendrin bahnt sich ein winziges Segelschiff seinen Weg. Mythologische Szenen bilden die Ränder der Karte. Erst 1606 landen Europäer auf dem Fünften Kontinent.

Talegalla - Huhn. Känguru. Akazie. Dingo.

Ameisenbeutler. Kakadu. Schlangen - Schildkröte. Grasbaum. Emu. Schwarzer Schwan.

Tarro. Vegetation und Hütten der Eingebornen auf Tahiti. Brotfruchtbaum. Pandanus.

Eingeborne und ihre Hütten in Neu-Süd-Wales.

Grasland am Murray in Neuholland. Kasuarine. Gummibäume.

Befestigtes Dorf und der Egmontsberg auf Neuseeland.

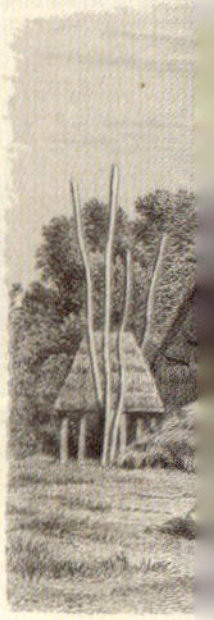

Der deutsche Verlag von F. A. Brockhaus veröffentlicht 1863 diese Karte. Sie zeigt die seit 1803 vollständig erkundeten und vermessenen Umrisse des Fünften Kontinents, der nun offiziell Australien (1) heißt, sowie die dazugehörige Insel Tasmanien (2). Die Landkarte ist umgeben von Illustrationen der einheimischen Bevölkerung sowie der Pflanzen- und Tierwelt Australiens, Neuseelands und der Pazifischen Inseln.

Die Ersten: Asiatische Ab-Origines [1]

Tanja Fittkau

Aborigines mit ihrem Kanu in der Botany Bay, Australien, um 1788.

Die ersten Bewohner Australiens stammen aus Asien und lassen sich vor mehr als 40.000 Jahren dort nieder. Australien, Tasmanien, Papua und Neuguinea bilden zu dieser Zeit eine zusammenhängende Landmasse, die nur durch einen kaum 100 Kilometer breiten Meeressund von Südostasien getrennt ist. Erst vor etwa 10.000 Jahren steigt der Meeresspiegel an und isoliert den Fünften Kontinent.

Als 1788 die europäische Besiedlung beginnt, leben nach heutigen Schätzungen 750.000 Aborigines in Australien. Gewaltsame und brutale Übergriffe mittels der den Aborigines unbekannten Feuerwaffen sowie eingeschleppte europäische Krankheiten rotten die indigene Gesellschaft beinahe aus – 1920 leben nur noch rund 60.000 von ihnen.

Am 13. Februar 2008 entschuldigt sich Australiens Regierung erstmals bei den Aborigines für das ihnen zugefügte Leid. Heute, 52 Jahre nach der Durchsetzung des Wahlrechts für alle indigenen Australier, prägen Diskriminierung, Alkoholismus und Arbeitslosigkeit das Leben vieler Aborigines. In zahlreichen Projekten wird versucht, Sprache und Kultur der Aborigines wiederzubeleben.

[1] ab origine (lateinisch: vom Ursprung her). Neuesten Erbgut-Untersuchungen zufolge stammen die australischen Aborigines ursprünglich sehr wahrscheinlich aus Afrika. Von dort sind sie vor über 50.000 Jahren als Jäger und Sammler vom Horn von Afrika über die Mündung des Roten Meeres nach Arabien und Südasien und schließlich Australien gewandert.

1788
nach
unserer
Zeit

Die Zweiten: Europäische Sträflinge und Soldaten

Tanja Fittkau

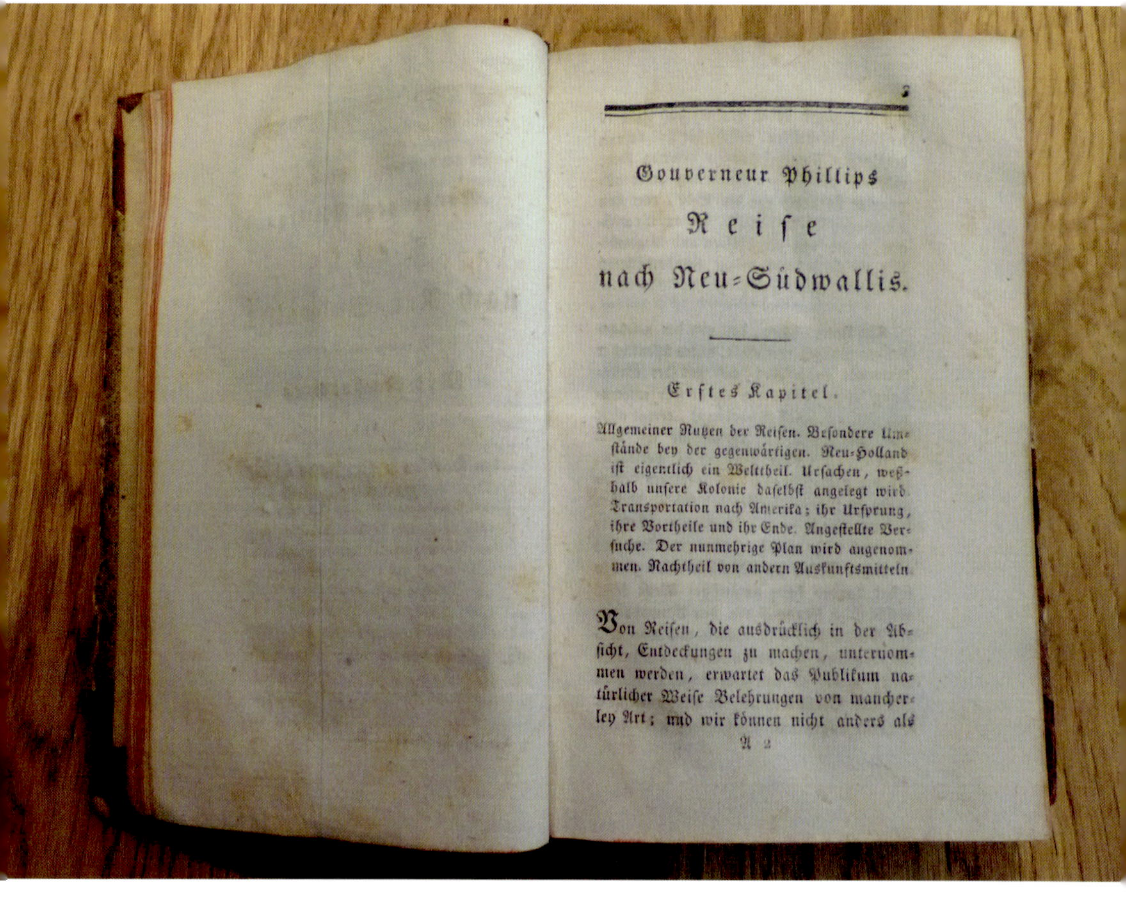

1786 beschließt Großbritannien, das heutige Australien – damals »Neu-Holland« – als Sträflingskolonie zu nutzen. Für die Begleitung des ersten Gefangenentransportes stellt die Royal Navy zwei kleine Kriegsschiffe bereit. Der Transport der Häftlinge, Vorräte und Gerätschaften erfolgt auf neun angemieteten zivilen Frachtern.

Am 13. Mai 1787 setzen die elf Schiffe dieser »First Fleet« genannten ersten Flotte, die zur europäischen Besiedelung Australiens ausfährt, die Segel. Die Gruppe besteht aus 1.403 Männern, Frauen und Kindern. Zu den Begleitern des Kapitäns und künftigen Gouverneurs Arthur Phillip gehört auch der deutschstämmige Landvermesser Augustus Theodore Alt. 252 lange Tage später, am 18. Januar 1788, setzt Arthur Phillip seinen Fuß auf australischen Boden. Acht weitere Tage wird es dauern, um einen geeigneten Ansiedlungsplatz für die neue Kolonie zu finden. Am 26. Januar wird am Ufer des heutigen Sydney Harbour der britische Union Jack aufgepflanzt.

Obwohl von der beschwerlichen Überfahrt geschwächt und nicht selten krank, wartet schwere Arbeit auf die Männer. Bäume müssen gefällt, die Erde mit bloßen Händen umgegraben, Unterkünfte und Vorratsräume errichtet werden. Die Neuankömmlinge leiden unter der heißen subtropischen Sonne. Drei entbehrungsreiche Jahre verzehren die Kräfte, dann endlich wird 1791 die erste reichhaltige Ernte eingebracht. Nun geht es kontinuierlich aufwärts.

Der Deutsch-Brite Arthur Phillip wird am 12. Oktober 1786 von der britischen Krone zum Kapitän der ersten Gefangenenflotte und zum Gouverneur der zu gründenden Kolonie New South Wales ernannt. Seine Erlebnisse hält er in einem Reisebericht fest, der 1792 von F. Schrämbel auf Deutsch gedruckt und verlegt wird.

Christliche Einflüsse

Lena Jung

Lutherische Kirchen

1817 fordert Friedrich Wilhelm III. von Preußen die protestantischen Glaubensgemeinschaften seines Landes dazu auf, sich zu vereinen. Viele lutherische Gemeinden widersetzen sich der königlichen Anordnung. Um der religiösen Verfolgung zu entgehen, wandert Pastor August Christian Kavel 1838 gemeinsam mit seiner Gemeinde nach Australien aus. Hier können sie, anders als in ihrer Heimat, ihre Liturgie beibehalten. 1839 errichten sie im südaustralischen Hahndorf die erste lutherische Kirche auf dem Fünften Kontinent.

Eine weitere lutherische Glaubensgruppe unter Pastor Gottlieb Daniel Fritzsche lässt sich zwei Jahre später im Barossa Valley nieder. Beide Gemeinden arbeiten anfangs als Kavel-Fritzsche-Synode zusammen, spalten sich jedoch 1846 aufgrund der verschiedenen theologischen Positionen der beiden Gründungsväter. Erst 120 Jahre später verbinden sich die beiden Gemeinden zur Lutherischen Kirche Australiens.

Der Zusammenhalt von Nachfahren deutscher Einwanderer innerhalb der Lutherischen Kirche ist bis heute sehr groß. Vor allem im Süden und Osten des Landes gibt es zahlreiche deutsche evangelisch-lutherische Kirchengemeinden.

Missionen: Irreführender Glaube

Die Gründung europäischer Kolonien in Übersee und die Missionierung der ursprünglichen Bevölkerung sind eng miteinander verbunden. Bereits Arthur Phillip erhält vor seiner Abreise im Jahr 1787 die königliche Anweisung, den christlichen Glauben in der neu erworbenen Kolonie zu verbreiten.

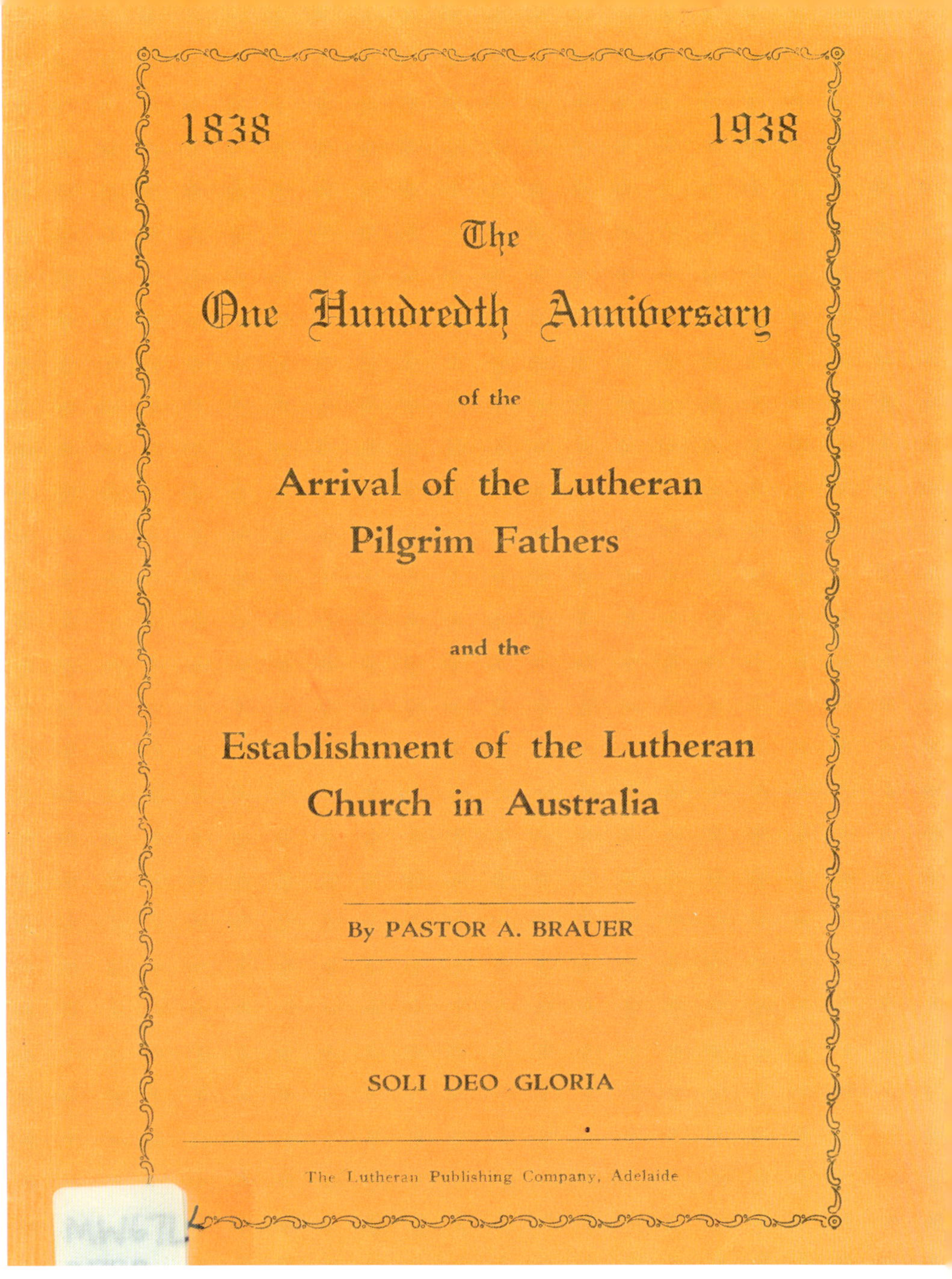

1838 1938

The One Hundredth Anniversary

of the

Arrival of the Lutheran Pilgrim Fathers

and the

Establishment of the Lutheran Church in Australia

By PASTOR A. BRAUER

SOLI DEO GLORIA

The Lutheran Publishing Company, Adelaide

Anlässlich ihres hundertjährigen Bestehens im Jahr 1938 veröffentlicht die Lutherische Kirche Australiens dieses Buch über ihre Entstehungsgeschichte.

Englische Missionare erreichen Australien ab den 1820er Jahren. Sie sollen die Aborigines europäisieren und zum Christentum bekehren. 1830 wird Johann Christian Simon Handt als erster deutscher Missionar im Auftrag der britischen »Kirchlichen Missionsgesellschaft« in die junge britische Kolonie entsandt.

Die meisten der insgesamt 211 Missionen in Australien entstehen in den 1860er bis 1880er Jahren. Die bekannteste ist die 1877 gegründete deutsche Missionsstation Hermannsburg. Die Missionare sind bestrebt, die Aborigines zu christianisieren und sesshaft zu machen. Sie rechtfertigen ihre Arbeit damit, dass sie den Aborigines Schutz vor den weißen Siedlern bieten und ihre Sprache bewahren. Es ist aber ein deutlicher Eingriff in den Kultur- und Lebensraum der ursprünglichen Bewohner. 1982 wird Hermannsburg an die Aborigines zurückgegeben. Heute sind noch 40 Missionen in Australien aktiv.

Manfred Neumann mit einem Arbeiter auf der Mission Balgo Hills, um 1962.

Etikett des Weines »Valley Floor 2010 Shiraz«, vom Weingut »Langmeil Winery« im Barossa Valley. Die Geschichte des Weinguts reicht bis ins Jahr 1843 zurück, als der deutsche Hufschmied Christian Auricht in Langmeil die ersten Rebstöcke pflanzt. Seit 1996 wird das Weingut von der deutschstämmigen Familie Lindner betrieben. Die »Langmeil Winery« zählt zu den ältesten Shiraz-Weinanbaugebieten der Welt.

Lutheraner als Weinbauern

Ende der 1830er Jahre sucht der britische Geschäftsmann und Mitbegründer der Südaustralischen Gesellschaft, George Fife Angas, Siedler für das nordöstlich von Adelaide gelegene Barossa Valley. Rund 500 preußische Lutheraner folgen dem Aufruf. Schon bald nutzen sie das günstige Klima und den sandigen Boden zum Weinanbau, mit dem einige Mitglieder der südaustralischen Gesellschaft in dieser Region bereits begonnen haben. Immer mehr Farmer stellen ihren eigenen Wein her. Bis heute finden sich im Barossa Valley viele deutsche Namen unter den Weingutsbesitzern.

Goldrausch

Tanja Fittkau

Die Hoffnung auf schnellen Reichtum

Das erste Edelmetall entdecken Goldschürfer 1823 im Südosten Australiens, in der Kolonie New South Wales. Der Fund wird zunächst geheim gehalten. Die Regierung fürchtet Unruhe in der Sträflingskolonie. Diese politische Vorsicht wird erst 1849 aufgegeben, als tausende Australier ihre Heimat verlassen, um auf den Goldfeldern im US-amerikanischen Kalifornien ihr Glück zu finden. Ein erneuter Goldfund in New South Wales landet 1851 auf der Titelseite des »Sydney Morning Herald«. Der Traum vom plötzlichen Reichtum erfasst die Menschen in Australien – und greift bald weit über seine Grenzen hinaus: Aus aller Welt kommen Abenteurer auf den Fünften Kontinent.

Auch den Hamburger Bernhardt Otto Holtermann zieht es 1859 dorthin. Gemeinsam mit einem polnischen Bergbauarbeiter gründet er die Minengesellschaft »Star of Hope Gold Mining Company«. In der Nähe von Hill End (New South Wales) beginnt ihre Suche. Im Oktober 1872 macht Holtermann seinen größten Fund – sein »Holtermann Nugget« wiegt 214 Kilogramm und ist 1,5 Meter lang. Heute hätte dieser einen Wert von 86 Millionen Euro. Noch 2013 wird in Australien nach Gold gesucht – und gefunden. Die Titelseite der »Times« berichtet im Januar von der Entdeckung eines 5,5 Kilogramm schweren Nuggets mit einem Wert von rund 238.000 Euro.

Vom Goldsucher zum Holzhändler

Daniel Hoffheiser wird am 22. September 1836 in Hamburg geboren. Über seine Jugendzeit ist nichts bekannt, seine flüssigen und fast fehlerfreien Briefe lassen aber auf eine höhere Schulbildung schließen. Als jungen Mann lockt Daniel nicht die bürgerliche Karriere im Geschäft seines Vaters, sondern das Gold Australiens.

Diesen Brief schickt Daniel Hoffheiser 1859 an seinen Vater in Hamburg. Ausführlich beschreibt er das Gold-Nugget, das auf dem Briefkopf abgebildet ist. Es handelt sich um das »Welcome Nugget«, den bis dato größten Fund, der 1858 gemacht wurde. Der Fundort liegt bei Ballarat im Staat Victoria, wo auch Daniel nach Gold gräbt. Er schreibt, dass er wünscht, mit »solch einem Klumpen nach Hause« kommen zu können.

Diese Aufnahme von Daniel Hoffheiser entsteht vermutlich um 1875. Nach dem Tod seines Vaters im Jahr zuvor übernimmt Daniel das Familiengeschäft. Bis zu seinem eigenen Tod am 11. Februar 1912 ist er als erfolgreicher Holzhändler tätig.

Am 18. April 1855 besteigt er in Hamburg das Segelschiff *Neumühlen* mit Ziel Melbourne. Verschiedene Briefe an seinen Vater in Deutschland berichten von der harten Arbeit auf den Goldfeldern, von Krankheit und Unfällen – und der niemals endenden Hoffnung auf den großen Goldfund. Daniels Vater übt sich in Geduld, obwohl er ihn lieber im heimischen Geschäft tätig sähe. Er unterstützt die abenteuerlichen Pläne des Sohnes sogar, indem er einen Ersatzmann bezahlt, der stellvertretend für Daniel den Soldatendienst ableistet. Dadurch ermöglicht er ihm den legalen Verbleib in Australien. Mindestens sechs Jahre hält Daniel an seinem Traum fest, dann kehrt er zurück nach Deutschland – ohne den erhofften Reichtum im Gepäck.

»Feindliche Ausländer«

Simone Blaschka-Eick, Tanja Fittkau

1914 – 1918: Der Erste Weltkrieg

Als England am 4. August 1914 in den Ersten Weltkrieg eintritt, ist Australien als Mitgliedsstaat des »British Empire« verpflichtet, das Vereinigte Königreich zu unterstützen. Begeistert bekunden die Australier ihre Loyalität gegenüber dem Mutterland. Viele Bürger hoffen, dass sich das junge Land im Kampf der Großmächte als ebenbürtig erweist. Dieser Patriotismus hat für die knapp 40.000 deutschstämmigen Australier fatale Auswirkungen: Viele von ihnen werden mit Misstrauen und offener Feindseligkeit behandelt und man unterstellt ihnen Kollaboration mit dem Feind. Eine Woche nach Kriegserklärung werden alle Deutschstämmigen in Australien zu »feindlichen Ausländern« erklärt. Sie müssen sich polizeilich registrieren lassen und dürfen nicht ohne amtliche Meldung ihren Wohnort wechseln.

Der während des Ersten Weltkrieges in Australien geltende »war precautions act« erlaubt der Regierung die Einrichtung von Internierungslagern. Neben den Kriegsgefangenen werden verdächtige oder unliebsame deutschstämmige Zivilisten hier ohne Gerichtsverfahren inhaftiert und bis zu ihrer Deportation nach Deutschland im Mai 1919 festgehalten. Die deutsche Einwanderung wird bis 1925 verboten.

1939 – 1945: Der Zweite Weltkrieg

Wie im Ersten Weltkrieg wirft man den deutschstämmigen Australiern auch im Zweiten Weltkrieg Spionage und Kollaboration mit dem Feind vor. Erneut werden sie als »feindliche Ausländer« eingestuft, müssen sich polizeilich registrieren lassen und geplante Wohnortwechsel oder Reisen amtlich anmelden. Anders als 1914 richtet sich das Feindbild aber nicht hauptsächlich auf die Deutschstämmigen – gleiche Behandlung erfahren italienischstämmige und später insbesondere auch japanischstämmige Australier. In allen Staaten des Fünften Kontinents werden Internierungslager eingerichtet. Dort werden sowohl verdächtige Zivilisten als auch Kriegsgefangene der feindlichen Nationen inhaftiert.

Der aus Bayern stammende Fotograf Paul Dubotzki wird 1915 in Australien als »feindlicher Ausländer« verhaftet und in ein Internierungslager auf Torres Island, Südaustralien, gebracht. Mit einer Gruppe junger Männer steht er vor dem Zelt, das sie als Internierte teilen müssen. Während seiner Lagerzeit macht Paul Dubotzki Hunderte von Fotos, auf denen er den Alltag der Inhaftierten festhält.

1942 erreicht die Zahl der Inhaftierten ihren Höhepunkt: Mehr als 12.000 Menschen sind in Australien interniert. Anders als im Ersten Weltkrieg werden Inhaftierte teilweise schon vor Kriegsende oder nach Einstellung der Kampfhandlungen entlassen. Und: die Mehrzahl der deutschstämmigen Zivilisten darf nach dem Krieg in Australien bleiben, nur eine geringe Anzahl wird, gemeinsam mit den Kriegsgefangenen, nach Deutschland deportiert.

Angst vor der Invasion

Der Eintritt Australiens in den Zweiten Weltkrieg am 3. September 1939 wird dort nicht mit der gleichen Euphorie wie derjenige in den Ersten Weltkrieg begrüßt. Viele Australier fragen sich, weshalb man sich erneut an einem weit entfernten Kampf in Europa beteiligen soll. Doch durch den verheerenden Luftangriff japanischer Truppen auf die US-amerikanische Flotte in Pearl Harbour, Hawaii, am 7. Dezember 1941 beginnt auch im Pazifik die militärische Auseinandersetzung.

Dann erreicht der Krieg den Fünften Kontinent: Am 19. Februar 1942 greifen japanische Piloten die Hafenstadt Darwin an. Rund 250 Menschen sterben, Hunderte werden verwundet. Die Australier sind schockiert, der Überfall trifft sie völlig unvorbereitet – noch nie in seiner Geschichte wurde der Fünfte Kontinent direkt angegriffen. Das trügerische Sicherheitsgefühl ist tief erschüttert. Im Land wächst die Furcht vor einem japanischen Einmarsch. In den folgenden eineinhalb Jahren bombardieren japanische Flugzeuge immer wieder Ziele in Australien. Besonders betroffen ist die Nordküste: Allein Darwin wird 64 Mal angegriffen. Doch das US-amerikanische Militär drängt schließlich die japanischen Truppen im Pazifik zurück. Am 27. September 1943 beruhigt die australische Regierung ihre Bevölkerung: »Die Gefahr einer Invasion ist vorbei«, verkündet Premier Curtin.

Deutsche Städtenamen in Australien.
Die Karte zeigt das Gründungsjahr, die Umbenennung im Ersten Weltkrieg und die zum Teil erfolgte spätere Rückbenennung der jeweiligen Städte.

NORTHERN TERRITORY
German Gardens / Belgian Gardens
(Stadtteil von Townsville)
QUEENSLAND
Hermannsburg
1877 gegründet als Missionsstation
der lutherischen Kirche
Alice Springs
Marburg / Townsend
1870 Namensgebung
1917 in Townsend umbenannt
seit 1920 wieder Marburg
Kirchheim / Haigslea
(Stadtteil von Ipswich)
1916 in Haigslea umbenannt
Prenzlau
1894 gegründet
Herrgott Springs / Marree
1859 gegründet
1918 in Marree umbenannt
Minden / Frenchton
Gründung in den 1870er Jahren
1916 in Frenchton umbenannt
seit 1930 wieder Minden
Brisbane
SOUTH AUSTRALIA
Altona
(Barossa Valley)
Hoffnungsthal / Karawirra
1847 gegründet
Während des 1. WK in Karrawirra
umbenannt, 1975 wieder in
Hoffnungsthal zurückbenannt
Engelsburg / Kalbar
1876 gegründet
1916 in Kalbar umbenannt
Rosenthal / Rosedale
1918 umbenannt
Bethanien / Neuschlesien / Bethany
1841/42 gegründet
NEW SOUTH WALES
Klemzig / Gaza
1838 gegründet
1918 in Gaza umbenannt
seit 1935 wieder Klemzig
Hildesheim / Punthari
1918 in Punthari umbenannt
Sydney
Adelaide
1836 gegründet
Lobethal / Tweedvale
1841 gegründet
in Tweedvale umbenannt
seit 1935 wieder Lobethal
Canberra
German's Hill / Lidster
1846 gegründet
1916 in Lidster umbenannt
VICTORIA
Carlsruhe
1837 gegründet
New Hamburg / Willyaroo
1839 gegründet
Melbourne
Germantown / Holbrook
1858 gegründet
1915 in Holbrook umbenannt
Hahndorf / Ambleside
1839 gegründet
1918 in Ambleside umbenannt
seit 1935 wieder Hahndorf
Altona
1836 gegründet
(Stadtteil von Melbourne)
Heidelberg
(Stadtteil von Melbourne)
1838 gegründet
German Town / Lilydale
Gründung vmtl. Anfang der 1880er Jahre
1887 in Lilydale umbenannt
TASMANIEN
Bismarck / Collinsvale
1881 gegründet
1915 in Collinsvale umbenannt

Jüdische Flüchtlinge und Displaced Persons 1933 – 1961

1933 leben 23.000 Juden in Australien. In der Folge der deutschen nationalsozialistischen Diktatur und des Völkermordes an den europäischen Juden nimmt Australien zwischen 1938 und 1940 rund 9.000 jüdische Flüchtlinge auf. 1940 verschifft Großbritannien 2.000 jüdische Flüchtlinge als »Feindliche Ausländer« dorthin, sie müssen fast zwei Jahre im Lager »Camp Hay« leben, bevor sie wieder frei kommen. Viele Australier sprechen damals von »bloody reffos« (»verfluchten Flüchtlingen«). Da sie jedoch Chinesen als »chinks« (»Schlitzaugen«) und Italiener mit dem unübersetzbaren Namen »dago« beschimpfen, handelt es sich in den meisten Fällen um Ausländerfeindlichkeit, nicht um Antisemitismus. Allerdings erscheinen auch antisemitische Artikel und Karikaturen in Zeitungen und es kommt zu Vandalismus in jüdischen Häusern.

Nach Kriegsende gewährt Australien zwischen 1946 und 1961 etwa 200.000 Displaced Persons Aufnahme – darunter fallen dort damals alle heimatlosen Menschen, die nach Holocaust und Zweitem Weltkrieg in Europa keine Zukunft sahen. Neben 27.000 jüdischen Holocaustüberlebenden gehören schätzungsweise auch 800 Nazi-Kollaborateure dazu, von denen nur dreien der Prozess gemacht wird.

Herbert Liffmann flieht im Frühjahr 1939 mit seiner Frau Lore aus dem Deutschen Reich nach Australien. Am 4. März verabschieden sie sich am Kölner Hauptbahnhof von ihren Freunden. Am 14. April 1939 legt ihr Schiff in Melbourne an. Bei ihrer Ankunft finden sie schon den Brief von ihren Freunden Thea und Walter Siedener vor, denen die Flucht nach Großbritannien gelungen ist. Der Brief endet mit folgendem Gedicht:

»Meine sehr verehrten Liffs!
Trotz der Freude Eures Schiffs
Und der neuen Heimat näher
(Wo die Känguruhlein hüpfen)
Hoff ich, die Gedanken knüpfen
Sie noch an uns Europäer.
Mancherlei geschah derweil,
Unserem Führer dreifach Heil,
Daß der Gauner bald verreck!
Seid nur froh, daß ihr gut weg!
Wenn wir auch recht traurig sind,
Daß Ihr bloß so kurze Zeit
Mit uns wart, so war's gescheit,
Daß selbst unser Loli-Kind
In den fünften Erdteil fuhr;
Fern von Hitler: Freut euch nur!
In diesem Sinne ein kräftiges
Heil Känguruh!«

(Aus: Fremde Freiheit. Jüdische Emigration nach Australien. Briefe 1938 – 1940, hrsg. v. Volker Elis Pilgrim, Doris und Herbert Liffmann, Reinbek 1992.)

Am 16. Juni 1949 heiratet Anna Fatzkämper Eugeniusz Ladzinski in Rheda. Einige ihrer Geschwister sind gegen diese Verbindung. Es wird Jahre dauern, bis Annas regelmäßige Briefe aus Australien die Geschwister wieder versöhnen.

Anna Fatzkämper wird am 7. November 1920 in Lette in Nordrhein-Westfalen geboren. Nach dem Ende des Zweiten Weltkrieges lernt sie den polnischen ehemaligen Kriegsgefangenen und Zwangsarbeiter Eugeniusz Ladzinski kennen und lieben. 1949 heiratet das Paar in Rheda. Gemeinsam mit ihrem Ehemann verlässt Anna im Oktober 1950 Deutschland mit Ziel Fremantle. Wie rund 5.000 andere deutsche und österreichische Frauen zwischen 1947 und 1952 wandert Anna unter der Nationalität ihres Ehemannes und mit dessen Status als Displaced Person in Australien ein. In der ersten Zeit leidet die junge Frau häufig unter Einsamkeit und Heimweh. Zudem ist das Leben für die hochschwangere Anna in dem Zeltlager in Toodyay, in dem das Paar zunächst gemeinsam mit anderen DP-Familien untergebracht ist, sehr entbehrungsreich. Eugeniusz findet anfangs Arbeit in einer Sägemühle. Nachdem diese geschlossen wird, wechselt er in eine neu gegründete Fabrik. Nun kann die kleine Familie in ein festes Haus mit Garten in Toodyay umziehen. Das Paar bekommt insgesamt vier Kinder. Anna stirbt 2007 in Australien.

Das Anwerbeabkommen

Lena Jung

Das Jahr 1952

Nach dem Ende des Zweiten Weltkrieges sucht Australien für die heimische Wirtschaft Arbeitskräfte. Die Regierung schließt zahlreiche Abkommen mit verschiedenen europäischen Ländern, 1952 auch mit der Bundesrepublik Deutschland. Zwischen 1945 und 1960 wandern insgesamt 1,6 Millionen Menschen nach Australien ein, darunter auch 80.500 Deutsche. Australien ist das einzige Land, mit dem die deutsche Regierung ein Abkommen zur Auswanderung nach Übersee abschließt.

Viele deutsche Einwanderer finden Arbeit bei der »Snowy Mountain Hydro-Electric Authority«. In 25 Jahren Bauzeit (1949–1979) verwirklicht das staatliche Projekt ein gigantisches Stauwerk mit 16 Staudämmen, Tunneln und Aquädukten von insgesamt 225 km Länge, um die Stromversorgung und Bewässerung der Hauptstadt Canberra zu sichern. Andere Deutschstämmige werden beim Straßen- und Eisenbahnbau eingesetzt, wie bei der »Indian Pacific«-Strecke zwischen Sydney und Perth.

Verpflichtungsurkunde von Kurt Haug, 1968. Im deutsch-australischen Wanderungsabkommen von 1952 verpflichtet sich die australische Regierung unter anderem zur Übernahme der Fahrtkosten für die angeworbenen deutschen Arbeitskräfte – unter der Bedingung, dass diese ihre Arbeitskraft mindestens zwei Jahre in Australien zur Verfügung stellen.

Bonegilla: Durchgangslager oder Endstation?

Nach dem Zweiten Weltkrieg werden die Einwanderer in Australien, wenn sie keinen schriftlichen Nachweis über eine Unterkunft bei Verwandten oder Freunden nachweisen können, zunächst in Massenlagern untergebracht. Eines der bekanntesten dieser Lager ist Bonegilla. Das rund 340 km nordöstlich von Melbourne gelegene ehemalige Militärcamp wird aufgrund seiner hohen Aufnahmekapazitäten zur Unterbringung der Neuankömmlinge ausgewählt. Die Familien leben dort so lange, bis ihnen von

UNDERTAKING

....

of .... in consideration of the Gouvernment of the Commonwealth of Australia having agreed to make a free grant towards the cost of my passage to Australia pursuant to the Migration Agreement made between the Governments of the Commonwealth of Australia and of the Federal Republic of Germany do hereby covenant with the Commonwealth of Australia in manner following —

1) Should I or any of my dependants require for special reasons to depart from the Commonwealth of Australia before the expiration of two years from the date of arrival, I will, prior to such departure, pay to the Government of the Commonwealth of Australia a sum equal to the amount that was granted to me or to such dependants by the Government of the Commonwealth of Australia and by any international organisation towards the cost of passage to Australia pursuant to the Migration Agreement herein before referred to.

2) That, while I remain in Australia I will use every endeavour to learn the English language; and will regularly attend the nearest free night class made available by the Government of Australia for the purpose of providing migrants with instruction in the English language.

VERPFLICHTUNG

Ich, HAUG, Kurt

aus Pfullingen, erkläre hiermit im Hinblick darauf, daß die Regierung des Commonwealth von Australien sich bereit erklärt hat, auf Grund des zwischen den Regierungen der Bundesrepublik Deutschland und des Commonwealth von Australien abgeschlossenen Wanderungsabkommens, einen nicht zurückzuzahlenden Beitrag zu den Kosten meiner Überfahrt nach Australien zu leisten, Folgendes: —

1. Falls ich oder einer meiner Familienangehörigen aus besonderen Gründen vor Ablauf von zwei Jahren nach dem Tag der Ankunft aus dem Commonwealth von Australien abreisen will, werde ich vor der Abreise der Regierung des Commonwealth von Australien den Betrag erstatten, der mir oder diesen Familienangehörigen von der Regierung des Commonwealth von Australien und von irgendeiner internationalen Organisation als Beitrag zu den Überfahrtskosten nach Australien auf Grund des oben erwähnten Wanderungsabkommens gewährt worden ist.

2. Solange ich in Australien bleibe, werde ich mich in jeder Weise bemühen, die englische Sprache zu erlernen. Ich werde regelmäßig an dem unentgeltlichen Abendlehrgang teilnehmen, der von der Regierung des Commonwealth von Australien zum Zwecke des Unterrichts der Einwanderer in der englischen Sprache eingerichtet wurde.

Datum 20.08.68

Kurt Haug

Zeuge [illegible]

der Regierung eine Arbeitsstelle zugewiesen wird. In dieser Zeit erhalten die Einwanderer Englischunterricht und sollen den »Australian way of life« kennenlernen. Die Unterbringung erfolgt in sogenannten Nissen-Hütten, benannt nach dem kanadischen Ingenieur Peter Norman Nissen. Die ca. 40 qm großen Wellblechhütten mit halbrundem Dach bestehen aus einem Raum. Eine Kochgelegenheit gibt es nicht, so dass alle Campbewohner während ihres zumeist mehrwöchigen Aufenthalts in Kantinen versorgt werden.

Zwischen 1947 und 1971 werden in Bonegilla mehr als 300.000 Zuwanderer beherbergt. Es ist das größte Lager seiner Art in Australien.

Block 19, Bonegilla, 2013. Das Lager ist in 24 Blocks unterteilt, in denen bis zu 8.000 Menschen gleichzeitig untergebracht werden können. Nach seiner Schließung im Jahr 1971 wird das Lager größtenteils abgerissen. Im Block 19, in dem besonders viele Einwanderer untergebracht werden, befindet sich heute ein Museum.

Abenteuer Down Under – Aufbruch ins Outback

Auf der Suche nach Freiheit und Abenteuer bricht **Manfred Neumann** gemeinsam mit seinem Freund Vito im August 1960 von Bremerhaven mit der »MS Aurelia« nach Sydney auf. Wegen der schlechten Bedingungen an Bord verlassen sie aber bereits in Fremantle an der Westküste heimlich das Schiff. In den kommenden zwei Jahren reisen die beiden Freunde quer durchs Land: Sie verlegen Eisenbahngleise für den Zug »Indian Pacific« zwischen Perth und Sydney, arbeiten auf einer Werft in Port Pirie, helfen bei der Weizenernte und versuchen ihr Glück als Opal-Gräber in Südaustralien. Während der Freund der Liebe wegen nach Deutschland zurückgeht, kann Manfred auf Kooland Island endlich seinen erlernten Beruf des Zimmermanns ausüben.

Als Queen Elizabeth II. im Jahr 1963 Australien besucht, erhält Manfred den Auftrag, eine Treppe zu bauen, um ihr das problemlose Ein- und Aussteigen aus ihrem Jeep zu ermöglichen. Einige Australier sind schockiert, dass ausgerechnet ein Deutscher damit beauftragt wird, und unterstellen ihm Sabotageabsichten. Aber die Treppe hält. Eine Zeit lang arbeitet der Zimmermann im Outback auf einer Mission in Westaustralien. 1971 hat Neumann genug von dem unsteten Leben und kehrt mit seiner Familie, die er mittlerweile gegründet hat, nach Deutschland zurück.

Karl-Heinz Dietzel wird 1940 in Witten an der Ruhr geboren, macht dort später seine Ausbildung zum Dreher. 1959 ändert sich sein Leben: Ein Arbeitskollege erzählt von einem Zeitungsbericht, in dem ausgebildete Handwerker gesucht werden, die bereit sind nach Australien auszuwandern. Begeistert entscheidet sich der 18-jährige Karl-Heinz Dietzel mitzumachen. Am 2. September 1960 besteigt er in Cuxhaven die »Castel Felice«. Sie bringt ihn und weitere 1.400 Abenteurer nach Australien. Nach vier Wochen auf See und einigen Zwischenstopps erreichen sie am 5. Oktober 1960 den Hafen von Melbourne. Dort angekommen, holt ihn ein Freund und früherer Arbeitskollege ab.

Zunächst findet Karl-Heinz Arbeit auf verschiedenen Farmen, repariert Wasserleitungen und bewässert die Wiesen. Ab 1963 geht das »Abenteurerleben« los. Gemeinsam mit Freunden verdingt er sich als Saisonarbeiter: zur Weinlese nach Südaustralien, zum Eisenbahnbau nach Queensland oder zum Bulldozerfahren in einer Salzanlage nach Perth. Er kommt viel herum in diesen Jahren, lernt das Land und viele Menschen kennen. Im »Deutschen Concordia Club« in Sydney verbringt er viele Stunden. Dort lernt er auch seine spätere Frau kennen und lieben. 1985 zieht er mit ihr an die Südküste, wird sesshaft und kauft 38 Hektar Land. Heute lebt er auf 4,5 Hektar Land in einem selbst gebauten Haus und genießt sein Rentnerdasein.

Manfred Neumanns Freund Vito bei der Weizenernte in Südaustralien, um 1960. Die Weizensäcke werden mit Hilfe eines Trichters aufgefüllt, festgestopft und anschließend zugenäht. Bei Temperaturen von über 40 Grad ist das Wasser aus dem Trinkbeutel die einzige Erfrischung.

Seine Zeit im Outback verbringt Manfred Neumann (3. v. l.) in den 1960er Jahren unter anderem auf der Balgo Hills Missionsstation in Westaustralien, wo er eng mit den dort lebenden Aborigines zusammenarbeitet.

Karl-Heinz Dietzel (re.) am 2. September 1960 bei seiner Einschiffung in Cuxhaven, kurz vor der Auswanderung.

Karl-Heinz Dietzel 1968 in der westlichen Pilbara Region in Western Australia. Auf dem Felsen neben ihm ist eine Felsritzung der Aborigines zu sehen, die ein Geistwesen zeigt. Diese Felsritzungen haben ein geschätztes Alter von etwa 40.000 Jahren.

Naturforscher

Tanja Fittkau

Deutsche Wissenschaftler auf dem Fünften Kontinent

Im frühen 19. Jahrhundert ist den europäischen Siedlern das Landesinnere Australiens weitgehend unbekannt – sie leben nur an den Küsten. 1813 überwinden sie erstmals die Blue Mountains, eine Bergkette rund 100 km westlich von Sydney. Das immer knapper werdende Weideland zwingt zu dieser Expedition. Aber erst in den 1840er Jahren erfolgt die Öffnung des riesigen Gesamtkontinents.

Der wohl berühmteste deutsche Naturforscher Australiens erreicht 1842 Sydney: Es ist der aus Brandenburg stammende Ludwig Leichhardt. 1844/1845 unternimmt er eine erfolgreiche Überlandexpedition Richtung Norden. Sein Versuch, 1848 Australien von Ost nach West zu durchqueren, misslingt: Leichardts Expeditionsgruppe gilt als verschollen. Der Reeder Johan Cesar VI. Godeffroy eröffnet 1861 in Hamburg ein eigenes Museum, in dem er eine umfangreiche Sammlung aus der Inselwelt Ozeaniens zeigt. Naturforscher wie Amalie Dietrich oder Eduard Dämel erkunden bis Ende des 19. Jahrhunderts in seinem Auftrag weite Gebiete Australiens.

Porträt Ludwig Leichhardt,
gemalt von seiner Großnichte
Elisabeth Wolf, 1938

Doctor Ludwig Leichhardt.
der berühmte Reisende in Australien.
nach einem Wachsbild

Ein Arzt, der nicht alle Menschen achtet

Robert Koch wird am 14. Mai 1834 in Frankfurt a. M. geboren. Nach dem Gymnasium beginnt er ein Medizinstudium: Er ist aber nicht verwandt oder verschwägert mit dem späteren Nobelpreisträger für Medizin Robert Koch. Als praktischer Arzt kehrt Robert Koch 1859 zurück in seine Heimatstadt. Offensichtlich verlaufen die nächsten drei Jahre nicht sehr befriedigend. Im November 1862 besteigt er im Hamburger Hafen sein Schiff mit Ziel Australien. Die Überfahrt dauert 118 quälend lange Tage. Kurz nach der Ankunft in Brisbane legt er der Queensland-Medicinal-Commission seine Zeugnisse vor und wird dort unter die praktischen Ärzte aufgenommen. Wenige Monate später zieht es ihn ins Landesinnere. Im rund 450 km westlich von Brisbane liegenden Surat ist Robert Koch im Sommer 1864 bereits stolzer Besitzer einer eigenen »Hütte«, wie er es selber nennt.

In Briefen nach Hause äußert er seine vehemente Verachtung gegenüber den Aborigines in langatmigen rassistischen Beschreibungen. Er stirbt 1870 in Australien.

Auszug eines Briefes von Robert Koch, 9. Juni 1864.

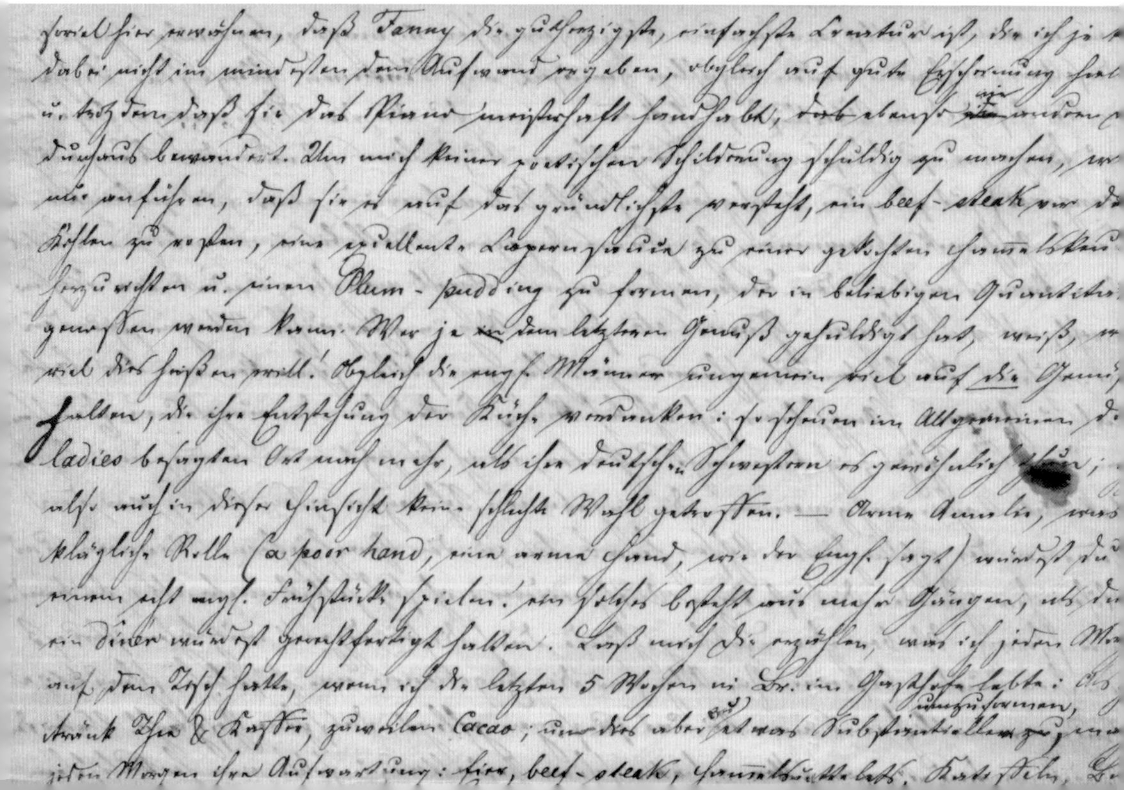

Amalies Wunsch, nach ihrer Rückkehr aus Australien mit ihrer Tochter zusammenzuleben, geht nicht in Erfüllung. Charitas (re.) ist mittlerweile mit einem Pfarrer verheiratet und lebt in Rendsburg, im heutigen Schleswig-Holstein. Amalie (li.) bleibt in Hamburg und arbeitet zunächst für das Museum Godeffroy als Wissenschaftliche Mitarbeiterin. Nach dem Verkauf des Museums findet sie Unterkunft in einem einfachen städtischen Damenstift.

Findig, gründlich – und kriminell?

Am 26. Mai 1821 wird **Amalie Concordia Nelle** im sächsischen Siebenlehn geboren. 1846 heiratet sie den freischaffenden Naturforscher Wilhelm Dietrich, der sie lehrt, wie man Pflanzen sammelt, bestimmt und präpariert. Die Ehe verläuft nicht glücklich. Wilhelms Untreue führt zur Trennung des Paares. Fast mittellos und alleine mit der kleinen Tochter Charitas hofft Amalie auf eine Zukunft als Botanikerin.

Tatsächlich macht sie sich am 15. Mai 1863 im Auftrag des Hamburger Reeders und Privatsammlers Godeffroy auf, in Australien Pflanzen und Tiere zu sammeln sowie die Lebensweise der indigenen Bevölkerung zu erforschen und zu dokumentieren. Ihre Tochter bringt sie bei Freunden in Hamburg unter. Während der folgenden 10 Jahre trägt sie eine große Sammlung an botanischem und zoologischem Material zusammen, außerdem menschliche Skelette und Schädel sowie Haut. In Australien wirft man ihr vor, dafür Aborigines ermordet zu haben. Beweisen lässt sich das heute nicht mehr. 1873 kehrt Amalie Dietrich nach Deutschland zurück, wo sie 1891 verarmt stirbt.

Die Reise ans andere Ende der Welt

Reisebericht von Arthur Phillip aus dem Jahr 1787/1788

Die Seesoldaten bekamen täglich ein Pfund Brot, ein Pfund Rindfleisch und eine Pinte Wein auf den Mann; die Verurteilten aber nur drei Viertelpfund Rindfleisch, eben so viel Brot, und gar keinen Wein.

(...) Den 4. waren auf den sämtlichen Schiffen 9 Seesoldaten und 72 Verurteilte krank. Gestorben waren seit der ersten Einschiffung überhaupt 21 Verurteilte und 3 von den Kindern derselben.

Jenseits des Äquators machen ein guter Hafen und eine reichliche Menge Schildkröten selbst die kleine unfruchtbare Insel Ascension einiger Maßen wichtig (...) Ohne den Beystand, den man sich bei der Hin- und Herreise in einigen von diesen Plätzen verschaffen kann, würde ein Weg von beynahe vierzig Graden an jeder Seite der Linie, in einem Meere, auf dem es öfters langweilige Windstillen gibt, und bey so starker Hitze, selbst den Seefahrern des achtzehnten Jahrhunderts den Muth nehmen können. (...)

Reisebericht von Heinrich Kock, 20. September 1866

Das Zwischendeck war ein großer Raum ungefähr wie Musikus Petersens Saal. Es befanden sich an den Seiten herum die Kojen, 2 übereinander. Jede Koje war für 3 Mann.

(...) Wir, ungefähr 106 junge Leute, waren durch eine Bretterwand von den verheirateten abgesondert (...) 10 Frauen wurden während der Reise glücklich entbunden. An Menschenleben haben wir leider 24 Tote zu beklagen. Die Reise ging anfangs sehr fröhlich und vergnügt. Wir bekamen in den ersten 10–14 Tagen gutes Essen, frisches Brot und Wasser. Jeden Abend war Tanzmusik auf dem Verdeck. (...)

Aber nach Verlauf von 14 Tagen wurde das Wasser so schlecht, wie ich gar nicht beschreiben kann. Das morastigste Rinnsteinwasser ist nicht so schwarz und riecht noch lange nicht so scheußlich wie unser Wasser. Darin wurden nun alle Speisen gekocht die Folgen konnten natürlich nicht ausbleiben. Es mussten Krankheiten daraus entstehen. (...) Nach einer Reise von 101 Tagen langten wir in der Bay an. (...)

An Bord der MS Aurelia wandert Manfred Neumann im August 1960 nach Australien aus.

Reisebericht von Emmy Beste, Mai 1954

8. Mai: (...) das Essen und Trinken ist sehr gut und sehr reichlich. Man kann so viel Essen wie man will, wir futtern wie die Wölfe. Was das schlafen anbetrifft, sind wir ja getrennt.

12. Mai: Ingeborg feiert heute ihren Geburtstag, bei einer herrlichen italienischen Torte und Kaffee, sogar Blumen waren auf dem Tisch, dafür habe ich 1 Dollar bezahlt.

22. Mai: Sehr heiß heute, 46 Grad im Schatten wurde gemessen. Jeder läuft hier an Bord in einer anderen Aufmachung, man muss es einmal gesehen haben. Essen schmeckt in dieser Wärme nicht besonders, es wird viel getrunken. Stündlich 1 Liter Tee ist eine Kleinigkeit.

27. Mai: Am Abend war eine Kinovorstellung über Australien. Alles jedoch in englischer Sprache.

28. Mai: Wir nähern uns jetzt dem Äquator. (...) Heute Nachmittag um vier Uhr tutete der Dampfer sieben Mal und der Neptun, König aller Meere, erschien mit seinem Gefolge an Deck. Es wurden sechs Passagiere richtig getauft, es war sehr zum lachen. Durch einen starken Wasserstrahl bekamen auch die anderen Teil. Am Abend war Bordfest.

29. Mai: Müder wird man mit jedem Tag. Ja, das Leben des Nichtstuns ist auch eine Last.

Work and Travel

Christoph Bongert

Arbeitsferien: Das letzte Abenteuer vor dem »Ernst des Lebens«?

Eine recht neue Art, für längere Zeit in Australien zu leben und zu arbeiten, ist das Programm »Work and Travel«. Man verdient sich seinen Lebensunterhalt mit kurzen oder längeren Jobs jeweils vor Ort – entweder unterstützt von einer Reise-Agentur oder in reiner Selbstorganisation.

Die Möglichkeit dazu schafft die australische Regierung 1975 mit dem »Working Holiday Maker Program«. Seit Juli 2000 können auch 18- bis 30-jährige Deutsche ein Working Holiday Visum erhalten, um in der australischen Industrie, Landwirtschaft oder Dienstleistungsbranche, als Bedienung, Küchenhilfe oder Babysitter zu arbeiten und auf diese Weise Land, Bewohner und Sprache kennenzulernen. In 12 Jahren haben insgesamt mehr als 150.000 Deutsche »Arbeitsferien« in Australien gemacht. Zum Vergleich: im selben Zeitraum von 2000 bis 2012 wandern gut 19.500 Deutsche dauerhaft nach Australien aus. Ende Dezember 2012 halten sich gut 17.000 Deutsche als Work and Traveller in Australien auf. Die Nachfrage steigt weiter.

Eike Reesing,
Devil's Marbles bei Alice Springs, März 2011
Alter (2013): 22

»Ich bin nach Australien gegangen, weil ich nach meiner Ausbildung raus aus der Mühle des Arbeitslebens wollte, bevor es zu spät ist. Zudem hat Australien mich nach meiner Internetrecherche und aus Erzählungen begeistert. Meine Erwartungen haben sich erfüllt, weil ich selbständiger geworden bin. Desweiteren haben sich meine Englischkenntnisse deutlich verbessert. Ich bin kontaktfreudiger und selbstbewusster geworden. Meine Erfahrungen wurden durch die fantastische Vielfalt des Landes sogar übertroffen.«

Eike Reesing; Aufenthaltsjahr: 2010 bis 2011; Aufenthaltsorte: Ost-, West-, Nord-, Südküste und das Outback; Arbeitstätigkeiten: Gärtner, Promoter, Flyerverteiler

Johanna Geils, Karijine National Park, 21.06.2011
Alter (2013): 22

Gesa Blanke, Karijine National Park, West Australia, 29.10.2008
Alter (2013): 31

Julien Montoneri, Alter (2013): 27

»Ich bin nach Australien gegangen, weil ich Abenteuer erleben, die Natur erkunden und andere Menschen und Kulturen kennenlernen wollte. Außerdem wollte ich selbständiger werden; einmal komplett auf eigenen Beinen stehen (deshalb bin ich auch ohne Organisation dorthin gereist); und natürlich mein Englisch verbessern.
Meine Erwartungen haben sich erfüllt, weil Australien einfach wunderschön und die Natur so abwechslungsreich ist. Und vor allem, weil die Lebenseinstellung der Menschen einfach »easy going« ist. Man lernt Leute aus allen Teilen der Welt kennen, aber lernt auch die absolute Einsamkeit kennen. Meine Erwartungen wurden enttäuscht, weil manche Backpacker die falsche Einstellung haben. Viele sind ausschließlich auf Party aus und nehmen keine Rücksicht auf die Natur (lassen ihren Müll überall liegen). Besonders an der Ostküste kann ich verstehen, wenn manche Australier genervt sind von den unzähligen Backpackern.«

Johanna Geils; Aufenthaltsjahr: August 2010 bis Juli 2011; Aufenthaltsorte: alle australischen Bundesstaaten und Territorien; Arbeitstätigkeiten: Verkäuferin, Fruitpicking, Kellnerin, Flyer verteilen, Putzen

»Ich bin nach Australien gegangen, weil ich Land und Leute kennenlernen und die Kultur erleben wollte. Meine Erwartungen haben sich erfüllt weil ich nie gedacht hätte, dass es dort so wunderschön ist und die Menschen so eine positive Lebenseinstellung haben. Ich wurde nicht enttäuscht.«

Julien Montoneri; Aufenthaltsjahr: April 2008 bis April 2009; Aufenthaltsorte: Perth, Sydney, Darwin, Ostküste; Arbeitstätigkeiten: Blumenfarm, Zuckerrohrfarm

»Wir sind nach Australien gegangen, weil wir eine andere Kultur kennenlernen wollten. Außerdem hatten wir Fernweh und wollten unser Englisch aufbessern. Die Auszeit aus dem Alltag kam positiv hinzu und wir sahen es als letzte Chance eine längere Zeit ins Ausland zu gehen, da das Work and Travel Visum nur für junge Leute ausgestellt wird.
Unsere Erwartungen haben sich erfüllt, weil die Australier ein wahnsinnig offenes und interessiertes Volk und außerordentlich gastfreundlich sind. Man hat ein ganz neues Leben kennengelernt, ohne Grenzen und viele Regeln. Die einheimischen Tiere und die wunderschöne Landschaft sind einmalig und werden uns immer in Erinnerung bleiben.«

Gesa Blanke; Aufenthaltsjahr: 2008–2009; Aufenthaltsorte: Perth, Westen, Süden, Tasmanien, Osten, Darwin, Zentrum; Arbeitstätigkeiten: Verkauf in einer Bäckerei (deutscher Inhaber)

Literatur

Bayerl, Günter/Müller, Tim S. (Hrsg.), Ludwig Leichhardt (1813–1848), die Niederlausitz und Australien. Zum 200. Geburtstag des Natur- und Australienforschers, Münster 2013.

Biedermann, Bettina, Eine bezahlte Passage. Die Auswanderung von Deutschen nach Australien in den 1950er Jahren, Marburg 2006.

Clyne, Michael, Deutsch als Muttersprache in Australien. Zur Ökologie einer Einwanderersprache (Deutsche Sprache in Europa und Übersee. Berichte und Forschungen, Band 8), Wiesbaden 1981.

Hagemann, Albrecht, Kleine Geschichte Australiens, München 2012

Helmi, Nadine/Fischer, Gerhard, The Enemy at Home. German Internees in World War I Australia, New South Wales 2011.

Inglis, Kenneth, The Australian Colonists, Carlton 1974.

Leitner, Gerhard, Die Aborigines Australiens, München 2010.

Petersen, Tristan, Die Partizipation Australiens am Zweiten Weltkrieg. Massenmanipulation und Invasionsmythos, Marburg 2012.

Pilgrim, Volker Elis/Liffman, Doris und Herbert (Hrsg.), Fremde Freiheit. Jüdische Emigration nach Australien. Briefe 1938–1940, Reinbek bei Hamburg 1992.

Rickard, John, Australia: A Cultural History, London 1996.

Rutland, Suzanne D., The Jews in Australia, Australia 2005.

Scheps, Birgit, Das verkaufte Museum. Die Südsee-Unternehmungen des Handelshauses Joh. Ces. Godeffroy & Sohn, Hamburg, und die Sammlungen »Museum Godeffroy«, Hamburg 2005.

Sherington, Geoffrey, Australia's Immigrants, 1788–1878. Australian experience; no. 1, Sydney 1980.

Stephens, Ninian u. a. (Hrsg.), 200 Jahre – Geschichte der deutschsprachigen Gemeinschaft in Australien 1788–1988, Bankstown (New South Wales) 1988.

Tampke, Jürgen, The Germans in Australia, Melbourne/New York 2006.

Online-Quellen

Australian Institute of Aboriginal and Torres Strait Islander Studies.
http://www.aiatsis.gov.au

Tan, Yan u. a., Evaluation of Australia's Working Holiday Maker (WHM) Program.
National Institute of Labour Studies Flinders University, Adelaide, Australia, 2009.
http://www.immi.gov.au/media/publications/research/_pdf/whm-report.pdf

Australian Government, Department of Immigration and Citizenship,
Working Holiday Maker visa program report. 31. December 2012.
https://www.immi.gov.au/media/statistics/pdf/working-holiday-report-dec12.pdf

Australian Government, Department of Immigration and Border Protection,
Historical Migration Statistics.
http://www.immi.gov.au/media/statistics/historical-migration-stats.htm

TIPPS FÜR »Work & Travel« + WEITERFÜHRENDE LITERATUR

Liste von Work and Travel-Agenturen

Aifs Deutschland GmbH
www.aifs.de
Telefon: 0228-957300
E-Mail: info@aifs.de

Carl Duisberg Center
www.cdc.de
Telefon: 0221-16 26 315
E-Mail: julia.kirn@cdc.de

ESL Sprachreisen
www.esl.de
Telefon: 089-232 391 60
E-Mail: info@esl.de

iSt Internationale Sprach- und Studienreisen GmbH
www.sprachreisen.de
Telefon: 0351-31 99 25 80
E-Mail: info@ist-workandtravel.de

Juststudies!
www.juststudies.de
Telefon: 05921-72 656 38
E-Mail: info@juststudies.de

Praktikawelten
www.praktikawelten.de
Telefon: 089-286751-11
E-Mail: info@praktikawelten.de

Southern Cross Sprachreisen
www.southerncross.eu
Telefon: 07127-92568-0
E-Mail: info@southerncross.eu

Stepin
www.stepin.de
Telefon: 0228-956 95-20
E-Mail: work-travel@stepin.de

STA Travel
www.statravel.de
Telefon: 069/255 15 000 0
E-Mail: info@statravel.de

Study Global
www.studyglobal.de
Telefon: 0800-999 2202
E-Mail: info@studyglobal.com

Travel-n-Work
www.travel-n-work.de
Telefon: 069-610 912 53
E-Mail: info@travel-und-work.de

TravelWorks
www.travelworks.de
Telefon: 02506-8303-400
E-Mail: australien@travelworks.de

Wir danken herzlich allen Stiftern, Leihgebern und beteiligten Institutionen für die Überlassung von Materialien, fachliche Hinweise und Unterstützung.

Unser spezieller Dank gilt:

Botschafter S. E. Peter Tesch, Australien
Dr. Birgit Scheps-Bretschneider, Museum für Völkerkunde, Leipzig
Wieland Eschenburg, Stadt Cottbus
Der »Stiftung Deutsches Auswandererhaus« für die Übernahme der Druckkosten des vorliegenden Kataloges.

Abbildungsnachweis

Sammlung Deutsches Auswandererhaus, S. 6, 16, 18, 21, 23, 28/29
Sammlung Deutsches Auswandererhaus, Schenkung Karl-Heinz Dietzel, S. 37
Sammlung Deutsches Auswandererhaus, Schenkung Kurt Haug, S. 33
Sammlung Deutsches Auswandererhaus, Schenkung Karin und Rainer Kröger, S. 25
Sammlung Deutsches Auswandererhaus, Schenkung Ursula Ladzinski, S. 31
Sammlung Deutsches Auswandererhaus, Schenkung Brigitte Landes, S. 40
Sammlung Deutsches Auswandererhaus, Schenkung Manfred und Susan Neumann, S. 10, 22, 36, 43
Leihgabe Johanna Geils, Gesa Blanke, Julien Montoneri, S. 46
Leihgabe Eike Reesing, S. 45
Leihgabe Dieter Kamper, S. 26
Leihgabe Staatliche Ethnographische Sammlungen Sachsen,
Museum für Völkerkunde zu Leipzig, S. 41
Leihgabe Stadtmuseum Cottbus, S. 39
National Library of Australia, Map RM 1819, Map RM 3889, S. 12/13, 14/15
City of Wodonga, Australia, S. 34